La Colonización Angloamericana de Texas

Richard Pickman
Traducción al español: Christina Green

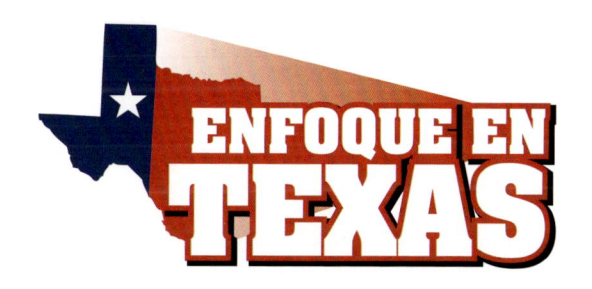

PowerKiDS press

New York

Published in 2014 by The Rosen Publishing Group, Inc.
29 East 21st Street, New York, NY 10010

Copyright © 2014 by The Rosen Publishing Group, Inc.

All rights reserved. No part of this book may be reproduced in any form without permission in writing from the publisher, except by a reviewer.

Book Design: Daniel Hosek   Traducción al español: Christina Green

Photo Credits: Cover (wagon train), p. 5 © The Bridgeman Art Library/Getty Images; cover (Stephen Austin), pp. 7, 11, 15 (Stephen Austin), 23, 24 courtesy Wikimedia Commons; cover (map back ground), pp. 17, 25 courtesy of Texas State Library and Archives Commission; interior borders and backgrounds, pp. 14–15, 28 Shutterstock; p. 6 © Jill Torrance/Getty Images; pp. 8, 9 © Geoatlas; p.10 © Joe Raedle/Getty Images; p. 13 © Alfred Eisenstaedt/Time & Life Pictures/Getty Images; p. 19 courtesy Library of Congress; p. 21 © Hulton Archive/Getty Images; pp. 26, 27 The State Preservation Board, Austin, Texas.

Library of Congress Cataloging-in-Publication Data

Pickman, Richard.
 La colonización angloamericana de Texas / Richard Pickman.
   p. cm. — (Spotlight on Texas)
 Includes index.
 ISBN 978-1-47775-017-9 (pbk.)
 ISBN 978-1-47775-121-3 (library binding)
 ISBN 978-1-47775-018-6 (6-pack)
 1. Texas—History—To 1846—Juvenile literature. 2. Texas—Colonization—History—19th century—Juvenile literature. 3. European Americans—Texas—History—19th century—Juvenile literature. I. Title.
 F389.P535 2010
 976.4'05—dc22
                    2009027286

Manufactured in the United States of America

CPSIA Compliance Information: Batch # WW10RC: For further information contact Rosen Publishing, New York, New York at 1-800-237-9932.

Contenido

Mudarse a Texas	4
Texas española	6
Moses Austin hace un trato	12
Stephen Austin toma el mando	14
Aumento de la población	18
El camino a la libertad de Texas	22
Más allá de la colonización	28
Proyectos de respuesta del lector	30
Glosario	31
Índice	32

Mudarse a Texas

¿Sabías que el lugar que hoy se llama Texas antes fue un territorio donde vivían numerosos grupos de nativos americanos? Hace unos 500 años, España reclamó el área. Luego, formó parte de México. La colonización angloamericana entre 1821 y 1835 hizo que finalmente Texas se convirtiera en un país independiente y luego formara parte de los Estados Unidos.

Un angloamericano es un americano que habla inglés y cuya familia provino de algún lugar de Europa que no fuera España. Alrededor del año 1821, los angloamericanos comenzaron a colonizar Texas. Antes de la colonización angloamericana, Texas tenía apenas unos 3,000 habitantes que no eran de origen indígena. Para el año 1835, la población había crecido a unas 35,000 personas. Veamos por qué los angloamericanos colonizaron Texas y qué efectos tuvo esto sobre Texas, México y los Estados Unidos.

Muchos colonos angloamericanos viajaban a Texas en grupos llamados caravanas de carretas. A veces eran atacados por los nativos americanos.

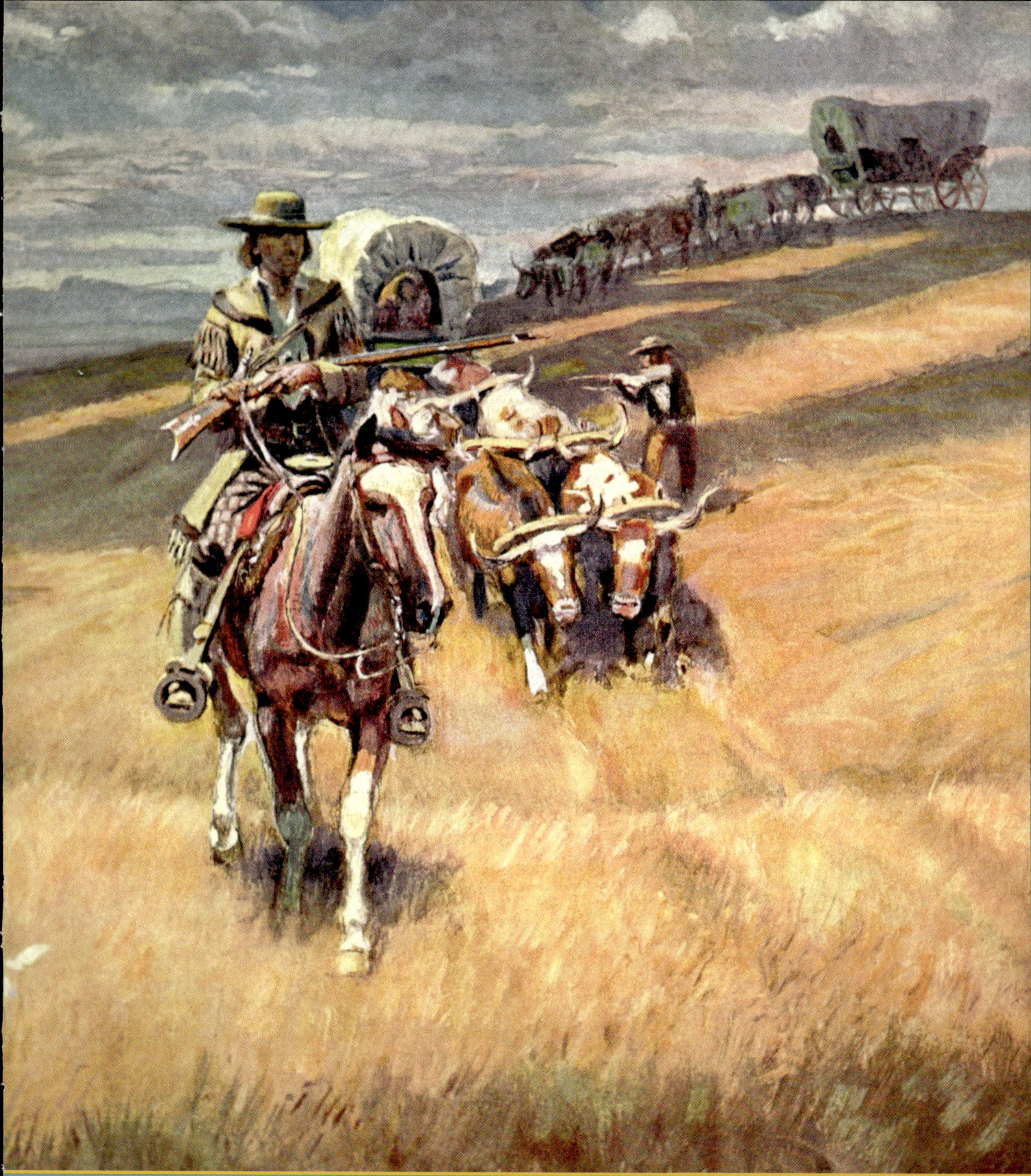

Texas Española

      Durante los años 1500 y 1600, los **exploradores** españoles reclamaron para España el territorio de lo que hoy en día es México y el sudoeste de los Estados Unidos. Lo hicieron a pesar de que los nativos americanos habían vivido allí por cientos de años. A este territorio lo llamaron Nueva España.

      Al principio había muy pocos colonos españoles en Texas, pero al poco tiempo los exploradores franceses también mostraron interés por el área. España temía que Francia reclamara el área y construyera asentamientos, entonces, España decidió actuar primero construyendo misiones. Algunas de estas misiones se transformaron en los primeros asentamientos españoles en Texas y fueron el punto de partida para una futura colonización.

La misión de El Álamo fue sede de una histórica batalla durante la Revolución de Texas. Hoy en día es uno de los sitios más populares visitados por los viajeros en Texas.

Las misiones españolas en Texas

Las misiones eran edificios que servían como iglesias y centros comunitarios. Las misiones unieron a los pueblos nativos y a los españoles bajo el régimen español y la fe **católica**. España esperaba que esto redujera las peleas entre los grupos y aumentara la población de Nueva España.

Para finales de los años de 1700, había unas 37 misiones en Texas. La más famosa es la misión de San Antonio de Valero, mejor conocida como El Álamo. Las misiones con frecuencia ayudaban a España a fundar asentamientos en Nueva España pero no siempre lo lograban. Los angloamericanos usaron algunas misiones, como El Álamo, como fuertes durante la Revolución de Texas.

Misión Concepción en San Antonio

A principios de los años 1800, el gobierno español quería mantener a todos aquellos que no pertenecieran a sus colonias fuera de Texas. Sin embargo, tenía dificultades para que las personas de México se mudaran a la **frontera** norte. Para 1820, apenas había tres asentamientos en Texas: Nacogdoches, San Antonio y La Bahía (que después se llamaría Goliad). Eran poblados muy pequeños rodeados por grandes ranchos.

Los nativos americanos siempre trataban de sacar a los colonos españoles. El gobierno español decidió invitar a personas de afuera a establecerse en lo que hoy es Texas, esperando así detener los ataques indios y fortalecer la **economía** de México. El gobierno español prometió a los colonos angloamericanos tierras baratas pero esperaba varias cosas a cambio. Los colonos debían ser católicos, hablar español y obedecer las leyes de España.

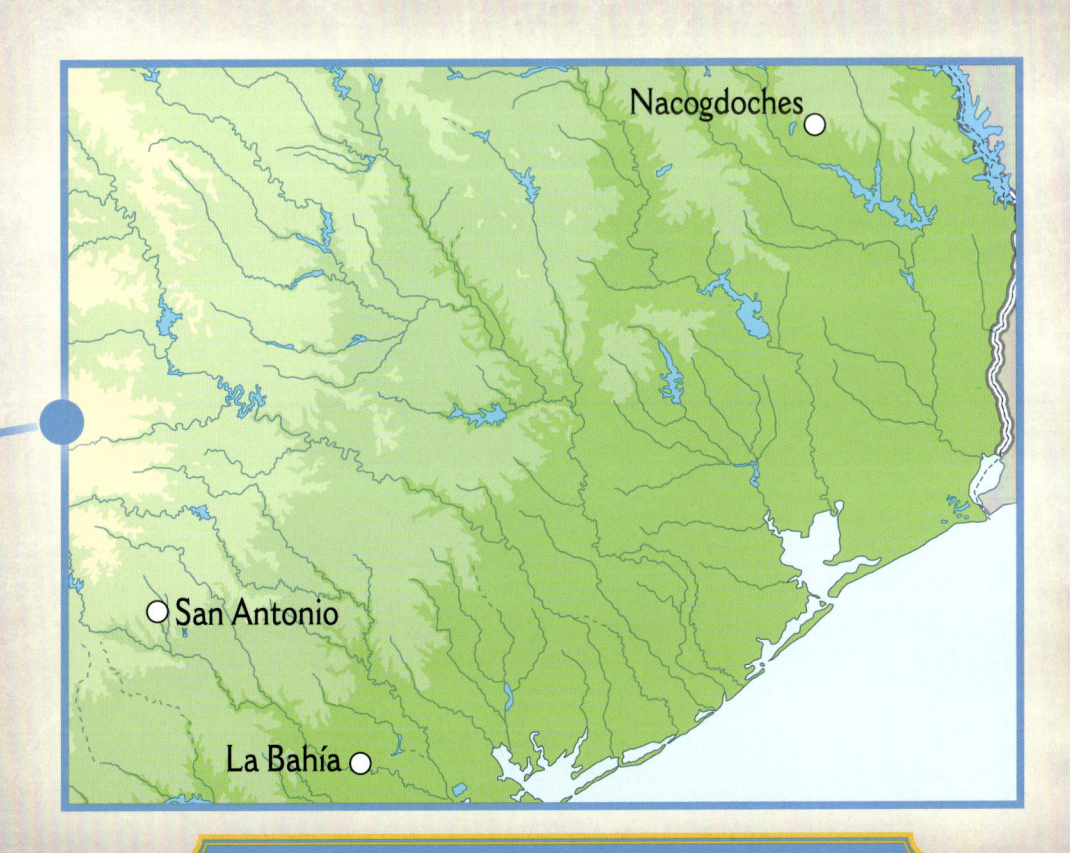

El gobierno español en México ofreció a los colonos angloamericanos más de 4,500 acres por familia a unos 4 centavos por acre. El gobierno bajó este precio más adelante.

El gobierno español ideó un sistema para traer colonos a Texas con rapidez. El plan era entregar grandes áreas de terrenos a hombres a los que llamaron empresarios (em-pre-SA-rios) A cambio, los empresarios debían traer un cierto número de colonos a Texas.

Se esperaba que los empresarios establecieran comunidades para los colonos y respetaran las leyes mexicanas. También decidirían dónde los colonos debían establecer sus granjas y casas. Las tierras entregadas a cada colono dependían de la cantidad de personas en la familia. Más adelante, el tamaño de las concesiones de los terrenos dependería de cómo fueran utilizadas estas tierras: para la agricultura, ganadería o ambas. Los colonos no pagarían impuestos durante seis años. Mientras más colonos llevara un empresario a Texas, más tierra recibiría para su propio uso.

definición
Hombre a quien el gobierno mexicano le entregaba una gran cantidad de tierra en Texas, a cambio de traer más colonos a Texas.

Significado en español
La palabra "empresario" en español es otra forma de decir "hombre de negocios".

EMPRESARIO

obligaciones
- traer colonos a Texas
- establecer comunidades
- obedecer las leyes mexicanas

lo que no es
- funcionario de gobierno
- mujer
- nativo americano

Las actividades de agricultura y ganadería hoy en día todavía son importantes en la economía de Texas.

Moses Austin hace un trato

El sistema de colonización por empresarios comenzó bajo el gobierno español, pero escogieron a un solo empresario: Moses Austin. Austin había ganado y perdido una fortuna trabajando en las minas de plomo en Misuri. En 1819, presentó un plan para establecer una colonia angloamericana en Texas para salir de sus **deudas**. En 1820, Austin viajó a San Antonio, que era la capital de la Texas española en aquella época. Le pidió permiso a los funcionarios españoles para crear allí una colonia. El gobernador a cargo aceptó el plan pero también tenía que ser aceptado por las autoridades españolas en Ciudad de México.

Austin había trabajado tan arduamente en sus planes que había descuidado su salud. El viaje de regreso a Misuri le tomó 4 semanas. El tiempo estaba húmedo y frío, y Austin no comía bien. Cuando llegó a su casa, estaba muy enfermo.

> Moses Austin era originalmente de Connecticut. Había sido un hombre de negocios en Pensilvania y Virginia antes de irse a vivir a Misuri.

Estatua de Moses Austin en San Antonio

Stephen Austin toma el mando

Poco después de llegar a casa, Moses Austin se enteró de que el gobierno español había aceptado su plan. Le habían dado permiso para que estableciera una colonia en Texas con 300 familias angloamericanas. Sin embargo, Austin no se sentía bien de salud como para llevar a cabo su idea, así que le pidió a su hijo Stephen que completara el plan de colonización. Dos días después, el 10 de junio de 1821, Moses Austin falleció.

Stephen se había convertido en juez en Arkansas recientemente pero se marchó al poco tiempo para estudiar derecho en Nueva Orleans, Luisiana. Cuando se enteró de que su padre había hecho un trato para crear una colonia en Texas, no creyó que fuera una buena idea, pero decidió respetar los deseos de su padre y mudarse a Texas. Poco después de la muerte de su padre, Stephen Austin partió hacia San Antonio para verificar la concesión de tierras de su padre.

En 1839, la República de Texas reconoció a Stephen Austin dándole su apellido a la nueva capital. Hoy en día, Austin es la capital del estado de Texas.

El padre de Texas

Stephen Austin nació en Virginia en 1793. Se mudó a Misuri junto a su familia a la edad de cinco años. Stephen aprendió mucho de negocios junto a su padre, Moses Austin. Luego de ir a la universidad en Kentucky, Austin volvió a Misuri a ayudar a su padre a dirigir su mina de plomo.

Stephen Austin estableció la primera colonia angloamericana de Texas. Durante la Revolución de Texas, ayudó a Texas a independizarse de México. Trabajó como el primer secretario de estado de la nueva república hasta su muerte, el 27 de diciembre de 1836. Hoy, Stephen Austin es recordado como «El padre de Texas».

De camino hacia San Antonio, Stephen Austin se enteró de que México había logrado independizarse de España. Por suerte para Austin, el gobierno mexicano decidió continuar el sistema de empresarios iniciado por los españoles. Una vez en San Antonio, se reunió con el nuevo gobernador mexicano, que aceptó los planes originales de Moses Austin.

Luego de salir de San Antonio, Austin anunció que había tierras a la venta sobre los ríos Brazos y Colorado al este de Texas. Los colonos interesados comenzaron a llegar en diciembre de 1821. Pero pronto el gobernador de San Antonio le dijo a Austin que, a fin de cuentas, el gobierno mexicano no cumpliría el trato. Austin viajó a Ciudad de México y convenció a las autoridades mexicanas que le otorgaran autoridad sobre el asentamiento. Aunque tuvo otros problemas con el gobierno, el asentamiento de Austin fue un éxito.

Este mapa de 1840 se basó en uno que había hecho Stephen Austin antes de morir. Muestra las concesiones de tierras y las colonias en Texas en ese momento.

17

Aumento de la población

Muchos angloamericanos estaban entusiasmados con las ofertas de terreno del gobierno mexicano. Algunos querían comprar terrenos a bajos precios y hacer dinero cultivando y criando ganado. Otros, que habían quebrantado la ley o que debían dinero, se iban a Texas como lugar para esconderse del gobierno de los Estados Unidos. Los gobiernos de México y de Estados Unidos no tenían acuerdos para enviar de regreso a las personas que habían quebrantado la ley. Por eso, los estadounidenses podían escaparse de las leyes de Estados Unidos mudándose a Texas.

Los colonos angloamericanos trajeron consigo sus propias **culturas** y creencias religiosas, y pocos estaban dispuestos a renunciar a ellas. Estaban acostumbrados a hacer las cosas a su manera y a veces no estaban dispuestos a obedecer las leyes mexicanas. Muchos colonos de Texas esperaban que los Estados Unidos, que se expandían rápidamente, **anexara** a Texas, permitiéndoles volver a ser ciudadanos estadounidenses.

Aquí se muestra parte de la lista de "Los Viejos 300" de Stephen Austin, un término que se aplica a las primeras familias angloamericanas que se establecieron en Texas.

A Memorandum of Applications

Names	When from	Date of Arrival	Date of Application
Kuykendall R. H. / Electra his wife	Resident	Citizen	1st of June 1835
Morton W. P.	Resident	Citizen	1st of June 1835
Powell John / Dorcas his wife / by his agent J. Stewart	Resident	Citizen	1st of June 1835
S. L. Richardson / Sarah his wife	Alabama	February 1835	1st of June 1835 — Not entitled to a league
David Hanson	Has a certificate	Citizen	1st of June 1835
? S. Fenn / Sarah his wife	Mississippi	July 5th 1834	1st of June 1835
Peter J. Duncan / Sally his wife	Ala	May 11th 1835	3 June 1835
William Beasley / Rachel his wife	Louisa	Oct 1834	4 June 1835
Charles Edwards / by his agent J. Pzialkuski	Ala	Dec 1834	4 June 1835
Jesse Sutton	Missi	May 1832	6 June 1835
Joseph Bartlett	Resident	Citizen	6 June 1835
Peter Brooks / his wife	Mississippi	May 1831	6 June 1835 — has an old certificate
Wm. G. Evans / his wife / W. B. Travis agent		1831	6 June 1835 — Has a certificate and will pay fees

---

(103)

...rk Trammell	26	Soltero		
...r Elton	34			
...zabeth Su muger	26	Casado		
...M Coleman	33			
...abeth Su muger	27	id	2	2
...Barksdale	26	Soltero		
...h Coe	31			
...beth Su muger	18	Casado	1	3
...niel Moore	52			
...ca Su muger	43	id		
...th McConnell	21	Viuda		
...tus Williams	21	Soltero		
...Su muger		Casada		
...M. Martin	27	id		
...J Gill	28	id		
...S. Martin	27	id		
...W Brooks	23	Casado		
...ne Su muger	16			
...W P Komnedio	28	Soltero		
...Lewis	30			
...muger	27	Casado	4	Magu...
...Pickens	23			
...Su muger	27	id	4	Labra...
...onham	23	Soltero		
...Allen	25	id		

Aunque Stephen Austin demostró ser el empresario con más éxito, otros hicieron contratos similares con el gobierno mexicano. Estos hombres ayudaron a traer a cientos de colonos a Texas. La población creció rápidamente. Las granjas y los ranchos de ganado también crecieron. Muchos colonos trajeron **esclavos** africanos para que trabajaran en sus granjas y ranchos. El gobierno mexicano estaba en contra de la esclavitud pero con frecuencia la permitía por el dinero que provenía de las granjas y ranchos con esclavos.

A medida que más colonos se asentaron en Texas, los asentamientos quedaban más cerca el uno del otro. Algunas veces los empresarios tenían altercados por las tierras. Una vez, el gobierno mexicano entregó por error el mismo terreno a un empresario de origen mexicano y a otro empresario nacido en Estados Unidos. Se pidió al estadounidense que se fuera a otro sitio.

> La legislación mexicana permitía a los colonos traer a los esclavos que ya tenían. Los esclavos nacidos en Texas quedarían en libertad cuando cumplieran 14 años. Las leyes también prohibían el comercio de esclavos. Pero muchas veces las personas no le hacían caso a estas leyes.

Terrateniente de Texas mira a sus esclavos recoger algodón

21

El camino a la libertad de Texas

Cuando la **constitución** de la joven nación mexicana se convirtió en ley en 1824, se pidió a los angloamericanos que **juraran su lealtad** a la nueva nación. También se esperaba que los colonos se convirtieran al catolicismo si todavía no lo habían hecho. Sin embargo, el tipo de vida de los angloamericanos en Texas era muy distinto al de las personas en México. La mayoría de los texanos juró su lealtad, pero pocos querían cambiar su forma de vida y sus creencias.

El pueblo de Texas le pidió al nuevo gobierno de México que le otorgara categoría de estado. Sin embargo, los dirigentes mexicanos decidieron combinar a Texas con la región del sudoeste para formar el estado de Coahuila (ko-a-UI-la) y Texas. Se trasladó la capital a cientos de millas de la capital previa, en San Antonio. Eso hizo aún más difícil que los habitantes de Texas tuvieran voz en el gobierno.

Este mapa de 1833 muestra el estado de Coahuila y Texas. Las regiones de colores son concesiones de terrenos a colonos angloamericanos y mexicanos.

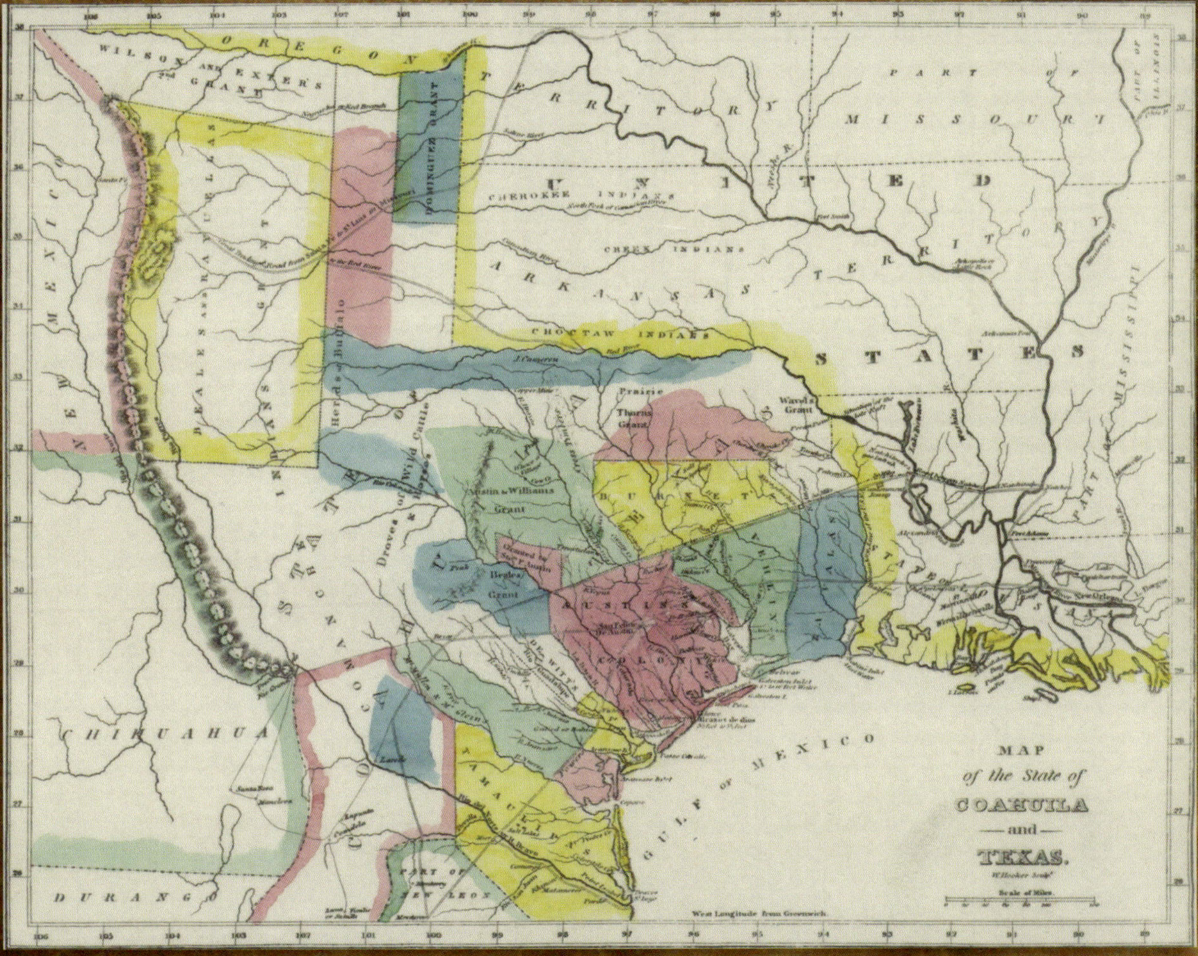
MAP
of the State of
COAHUILA
—and—
TEXAS.
OREGON TERRITORY
PART OF MISSOURI
UNITED STATES
ARKANSAS TERRITORY
CHEROKEE INDIANS
CREEK INDIANS
CHOCTAW INDIANS
NEW MEXICO
CHIHUAHUA
DURANGO
GULF OF MEXICO
MISSISSIPPI
AUSTINS COLONY
Austin & Williams Grant
Burnet
Prairie
Thorns Grant
Wavel's Grant
Droves of Wild Cattle
Herds of Buffalo
DOMINGUEZ GRANT
WILSON AND EXTER'S GRANT
New Orleans
Scale of Miles
West Longitude from Greenwich

Para comienzos de los años 1830, los colonos angloamericanos se habían establecido en muchas regiones al este de Texas. Al gobierno mexicano le gustaba que creciera la población de la zona, sin embargo, le preocupaba el constante aumento de la cantidad de angloamericanos. Muchos angloamericanos abiertamente no obedecían las leyes mexicanas, algunos incluso hablaban de independencia. Al mismo tiempo, Estados Unidos crecía rápidamente en Norteamérica. El gobierno mexicano temía que los Estados Unidos quisiera anexar a Texas.

Galveston en 1871, Texas

El gobierno mexicano decidió que debía dejar de autorizar el ingreso de los colonos angloamericanos a Texas. Envió soldados a patrullar la frontera norte. También comenzó a cobrar nuevos impuestos sobre los productos que llegaban de Estados Unidos, lo cual afectó el comercio. Las personas en Texas se pronunciaron en contra de las leyes comerciales mexicanas.

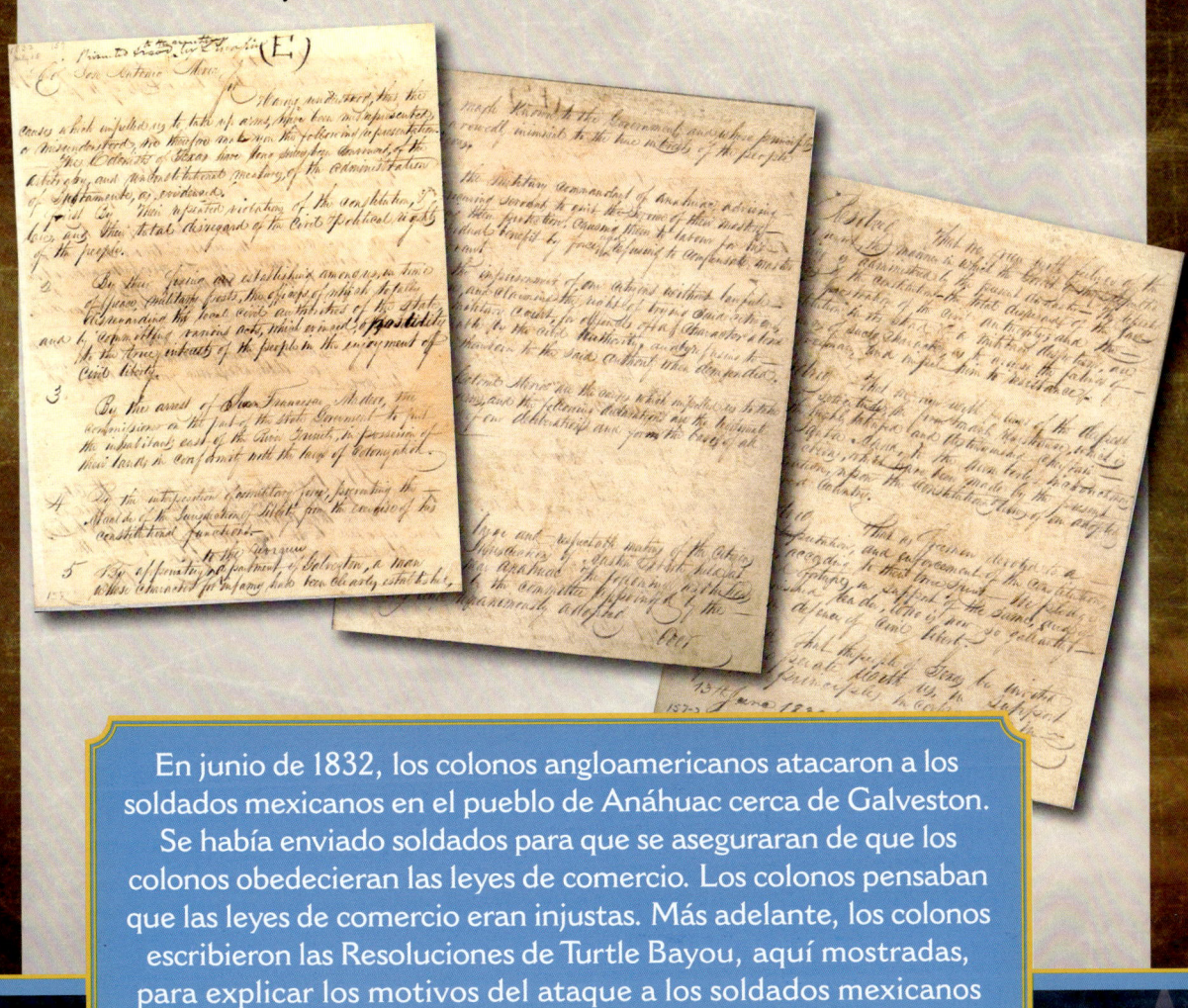

> En junio de 1832, los colonos angloamericanos atacaron a los soldados mexicanos en el pueblo de Anáhuac cerca de Galveston. Se había enviado soldados para que se aseguraran de que los colonos obedecieran las leyes de comercio. Los colonos pensaban que las leyes de comercio eran injustas. Más adelante, los colonos escribieron las Resoluciones de Turtle Bayou, aquí mostradas, para explicar los motivos del ataque a los soldados mexicanos en Anáhuac.

En 1833, los colonos angloamericanos en Texas escribieron una carta al gobierno mexicano. Querían que Texas fuese un estado separado de Coahuila. Austin llevó la carta a Ciudad de México y la presentó al gobierno mexicano. El gobierno le respondió que no, ya que temía que los texanos trataran de separarse de México, así que los oficiales rápidamente encarcelaron a Austin por dos años.

Cuando fue liberado, Austin regresó a Texas. Él y otros colonos sabían que los texanos tendrían que ir a la guerra para obtener su libertad. La Revolución de Texas comenzó con la Batalla de Gonzáles en octubre de 1835. La mayoría de las batallas se libraron en territorios de Texas en los que los texanos habían trabajado duro para asentarse y hacerlos suyos. Texas ganó la guerra contra México en 1836 y se convirtió en una nación libre: la República de Texas.

Esta pintura de 1895 muestra la Batalla de San Jacinto, que fue la última batalla de la Revolución de Texas. Se peleó el 21 de abril de 1836.

Esta pintura muestra al general mexicano Antonio López de Santa Anna rindiéndose ante el general de Texas Sam Houston después de la Batalla de San Jacinto. Houston está en el suelo porque había recibido un disparo en el tobillo durante el combate.

MÁS ALLÁ DE LA COLONIZACIÓN

Tal como lo esperaban muchos de los primeros colonos angloamericanos, Estados Unidos anexó a Texas en 1845, convirtiéndose en el vigésimo octavo estado de los Estados Unidos, con una población de unos 100,000 habitantes. Las disputas fronterizas entre ambos países condujeron a la guerra entre México y Estados Unidos en 1846. Muchos texanos ayudaron a Estados Unidos a ganar la guerra y a llevar las fronteras estadounidenses más hacia el sur y el oeste.

Los colonos angloamericanos que originalmente se asentaron en Texas eran muy trabajadores y autónomos. Estaban orgullosos de su cultura y forma de vida. Los texanos mantienen estas cualidades. Hoy en día, honran con orgullo a los colonos angloamericanos que fundaron su gran estado.

> La estrella sobre la bandera del estado de Texas ha sido desde hace mucho tiempo el símbolo de Texas. Texas es con frecuencia llamada el estado de la estrella solitaria.

Historia de Estados Unidos y colonización de Texas: Cronología

ESTADOS UNIDOS | TEXAS

1820
- James Monroe es electo presidente de Estados Unidos por segunda vez.
- Moses Austin pide establecer una colonia angloamericana en Texas.

1821
- Misuri se convierte en el vigésimo cuarto estado de Estados Unidos.
- Los colonos angloamericanos comienzan a establecerse en Texas.

1823
- El gobierno mexicano reconoce oficialmente la concesión de terrenos de Stephen Austin.

1824
- Andrew Jackson gana el voto popular en las elecciones presidenciales pero el Congreso declara ganador a John Quincy Adams.
- La constitución mexicana se hace ley pero no otorga a Texas la condición de estado.

1830
- El presidente Andrew Jackson firma la Ley de expulsión de los indios
- México detiene la entrada de colonos angloamericanos a Texas.

1832
- Andrew Jackson es electo presidente de Estados Unidos por segunda vez.
- Los texanos atacan el fuerte mexicano en Anáhuac, Texas.

1835
- Comienza la Revolución de Texas.

1836
- Texas gana la Revolución de Texas y se convierte en una nación libre.

1845
- James K. Polk se convierte en el décimo primer presidente de los Estados Unidos.
- Texas se convierte en el vigésimo octavo estado de los Estados Unidos.

Proyectos de respuesta del lector

- Imagina que eres un empresario tratando de encontrar a angloamericanos que se vayan a vivir a Texas en 1820. Crea un afiche para convencer a la gente de que vaya.

- Tú eres Stephen Austin. Tu papá te ha pedido que vayas a vivir a Texas. Escríbele explicándole por qué crees que no es una buena idea. Asegúrate de incluir tus argumentos y los motivos por los cuales no quieres ir.

- Eres un colono angloamericano en Texas. Crea un periódico y anota lo que pasa, cómo es tu vida y cuáles son los acontecimientos importantes en esos años. Incluye ilustraciones.

GLOSARIO

anexar (a-nek-SAR) Unir o agregar algo a otra cosa.

católico (ka-TO-li-ko) Persona que pertenece a la Iglesia Católica Romana.

constitución (kons-ti-tu-siON) Reglas básicas por las cuales se gobierna un país o estado.

cultura (kul-TU-ra) Las creencias, prácticas y el arte de un grupo de personas.

deuda (DEU-da) Dinero que se le debe a alguien.

economía (e-ko-no-MI-a) La producción y el uso de bienes y servicios en una comunidad.

esclavo (es-KLA-vo) Persona que es "propiedad" de otra persona, que la obliga a trabajar sin pagarle.

explorador (eks-plo-ra-DOR) Alguien que viaja y busca tierras nuevas.

frontera (fron-TE-ra) El borde de una tierra poblada, donde comienza el territorio salvaje.

juramento de lealtad (ju-ra-MEN-to de le-al-TAD) Una promesa oficial de obedecer las leyes y creencias de un grupo o país.

república (rre-PU-bli-ka) Forma de gobierno en la cual el pueblo vota a los líderes que harán las leyes y dirigirán el gobierno.

revolución (rre-vo-lu-siON) Derrocar o luchar contra el gobierno en el poder.

secretario de estado (se-cre-TA-rio de es-TA-do) Funcionario de gobierno a cargo de los tratos de un país con otros países.

ÍNDICE

A

Álamo, El, 7
agricultura, 10, 18
americano, 4, 18, 20
Austin, Moses, 12, 14, 15, 16, 29
Austin, Stephen, 14, 15, 16, 20, 26, 29, 30

B

Batalla de González, 26

C

católico, 7, 9, 22
Ciudad de México, 12, 16, 26
Coáhuila, 22, 26

E

empresario, 10, 11, 12, 16, 20, 30
"El padre de Texas", 15
esclavos, 20
España, 4, 6, 7, 16

español, 6, 7, 8, 9, 10, 11, 12, 14, 16
Estados Unidos (EE. UU.), 4, 6, 18, 24, 25, 28, 29

F

Francia, 6

G

ganadería, 10
granjas, 10, 20, 25
Guerra entre México y los Estados Unidos, 28

I

indio, 4, 9

J

juramento de lealtad, 22

L

ley(es), 10, 11, 18, 24, 25, 29

M

mexicano, 10, 11, 16, 18, 20, 22, 24, 25, 26, 29
México, 4, 6, 8, 9, 15, 16, 22, 26, 28, 29
misiones, 6, 7

N

Nativos americanos, 4, 6, 9, 11
Nueva España, 6, 7

R

ranchos, 20
República de Texas, 26
Revolución de Texas, 7, 15, 26, 29

S

San Antonio, 8, 12, 14, 16, 22

Debido a la naturaleza cambiante de los enlaces de Internet, Rosen Publishing Group, Inc., ha desarrollado una lista en línea de sitios Web relacionados con el tema de este libro. Este sitio es actualizado periódicamente. Use este enlace para acceder a la lista: http://www.rcbmlinks.com/sot/alamo/sot/angcol/

+SP
976.405 P

Pickman, Richard.
La colonización
Floating Collection WLNF
05/15

Friends of the
Houston Public Library